Gallimard Jeunesse / Giboulées
Sous la direction de Colline Faure-Poirée

Conception graphique: Néjib Belhadj Kacem
© Gallimard Jeunesse, 2006
ISBN : 978-2-07057573-2
Premier Dépôt légal : mai 2006
Dépôt légal: mars 2010
Numéro d'édition: 175204
Loi n° 49956 du 16 juillet 1949
sur les publications destinées à la jeunesse
Imprimé en Belgique

Si on parlait de la mort

Textes : Dr Catherine Dolto et Colline Faure-Poirée
Illustrations : Frédérick Mansot

GIBOULÉES
GALLIMARD JEUNESSE

La mort, c'est le bout de la vie, c'est quand on a fini de vivre. Tout ce qui vit meurt un jour, les plantes, les animaux, les humains.

Les plantes germent, poussent, se reproduisent, puis meurent. Ensuite, elles pourrissent et se mélangent à la terre ce qui aide à faire pousser de nouvelles plantes.

Petits, nous apprenons peu à peu que nous allons mourir, ce n'est pas facile à comprendre, même pour les grandes personnes. C'est un grand mystère.

On supporte mal d'apprendre que ceux que nous aimons peuvent mourir brusquement, même jeunes, et qu'il faudra vivre sans eux. Parfois, nous savons que quelqu'un qui nous est cher va mourir. Parler avec lui de sa mort est douloureux, mais c'est bien.

Personne ne sait ce qui se passe après la mort. Comme l'enfant qui va naître ne sait pas ce qui va se passer après la naissance. Certains pensent qu'en nous, il y a une partie qui ne meurt jamais, c'est l'âme.

Quand on est mort, le corps reste sans vie, il ne bouge plus, il ne sent plus rien. On le traite alors avec respect, on le couche dans un cercueil, puis on l'enterre dans un cimetière ou on le brûle, cela dépend des coutumes et des religions.

Pour mieux vivre ce moment-là, les parents, les enfants, la famille, les amis se réunissent. C'est une cérémonie. Ils peuvent pleurer ensemble, parler de la personne qui est morte et de la vie qui continue.

Cacher à un enfant la mort de quelqu'un qu'il aime, lui dire qu'il est parti en voyage, ça lui fait plus de mal que de bien. Les enfants ont droit à la vérité.

Parfois, on pense qu'on n'a pas fait tout ce qu'il fallait pour la personne qui est morte, ou même qu'on est responsable de sa mort. Ces pensées-là peuvent rendre malade. C'est mieux d'oser le dire à ceux qu'on aime.

Les gens qu'on a aimés restent vivants dans notre cœur tant que nous vivons. On peut aussi garder un souvenir, des photos, des films, des lettres, qui nous les rappellent.

Après la mort d'un être cher on est malheureux, on a du chagrin. On dit qu'on est en deuil. Peu à peu ça va mieux, on sent que la vie continue qu'on a le droit d'être content de vivre et que l'amour entre deux personnes reste vivant.

Dans la même collection :

1 Filles et garçons
2 Dans tous les sens
3 Des amis de toutes les couleurs
4 Bouger
5 La nuit et le noir
6 Les chagrins
7 Les bêtises
8 Moi et mon ours
9 Les gros mots
10 Les papas
11 Polis pas polis
12 Quand les parents sortent
13 On s'est adoptés
14 Vivre seul avec papa ou maman
15 Gentil méchant
16 Jaloux pas jaloux
17 Attendre un petit frère ou une petite sœur
18 Les mamans
19 Les câlins
20 Un bébé à la maison
21 À la crèche
22 Les colères
23 Les bobos
24 Les grands-parents
25 Attention dans la maison
26 Mon docteur
27 Les doudous
28 Propre
29 Les cadeaux

30 Si on parlait de la mort
31 Respecte mon corps
32 Les parents se séparent
33 Pipi au lit
34 Tout seul
35 Ça fait mal la violence
36 Les premières fois
37 Protégeons la nature
38 Dire non
39 La télévision
40 Y'en a marre des tototes
41 Caca prout
42 La peur
43 Donner
44 Les mensonges
45 Les jumeaux
46 L'opération
47 L'hôpital
48 Les urgences
49 Chez le psy
50 L'amitié
51 La famille
52 La naissance
53 J'ai deux pays dans mon cœur
54 Juste pas juste
55 Changer de maison
56 La maternelle
57 Vivre avec un handicap
58 La honte
59 Frères et sœurs
60 Bouder

61 Raconte-moi une histoire